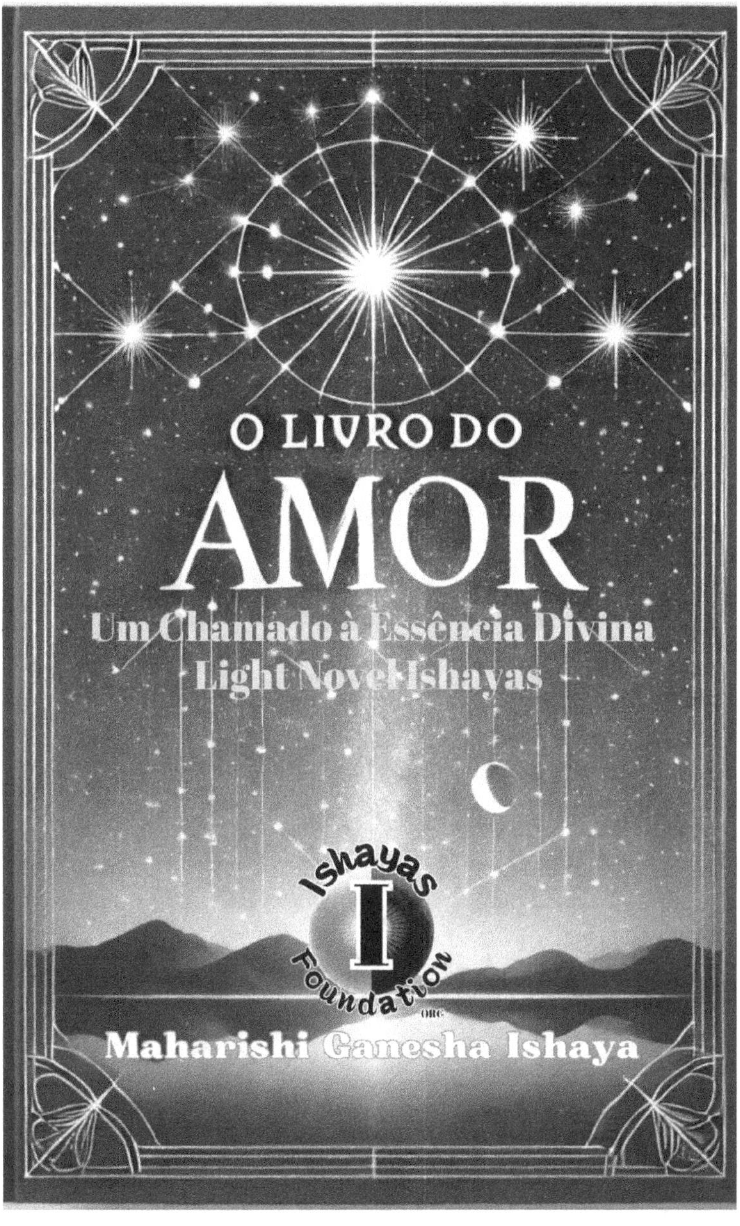
O LIVRO DO
AMOR
Um Chamado à Essência Divina
Light Novel Ishayas
Ishayas
I
Foundation
Maharishi Ganesha Ishaya

O Livro do Amor

Um Chamado à Essência Divina

Maharishi Ganesha Ishaya

ISBN: 9798303152625

• • •

... o amor é uma coisa muito estranha, não é? Às vezes, a gente acredita que entende, que já sabe o que ele é, mas, no fundo, nunca sabe de verdade. É como se fosse um mistério em constante mudança. Podemos experimentá-lo de tantas formas: o amor paterno, que nos envolve em cuidado; o fraterno, que é laço de sangue ou escolha; o amor dos amigos, sempre leal e companheiro. E, claro, há o amor romântico, aquele que nos faz suspirar, o amor sexual, cheio de desejo, e o espiritual, que transcende. Até mesmo o amor *premo*, que tem um toque único, ainda que difícil de descrever. O amor, então... Quando falamos sobre ele, quando meditamos, quando mergulhamos em estados profundos de reflexão, a única lógica à qual retornamos é esta: o amor, na verdade, é algo que vem de dentro. Ele não está realmente fora, não no mundo que tocamos ou vemos. Ou talvez... talvez esteja fora, espalhado em fragmentos, esperando que o reconheçamos.

O amor pode ser o todo. Ele é vasto, infinito, mas o nosso corpo... O nosso corpo é uma barreira, uma casca que impede que esse amor universal encontre sua essência semelhante que habita dentro de nós. É como se houvesse uma distância entre o amor interno e o amor que permeia o mundo, e essa barreira nos limita, nos separa.

Dentro de nós, o amor espera para se expandir, para alcançar e se conectar com o amor que está por toda parte, mas que ainda não conseguimos ver. Nossos olhos não o percebem, nosso dia a dia nos distrai. A televisão, a internet, e todos os estímulos que nos cercam parecem trabalhar contra essa conexão, desviando-nos do que realmente importa: alinhar o amor que carregamos no coração com o amor que inunda o mundo.

É preciso transcender o corpo, essa casca rígida que nos separa. Apenas em estados elevados de consciência podemos afiná-la, torná-la uma película mais fina, quase transparente. E nesse instante raro e precioso, o amor interno e o amor externo podem, finalmente, tocar-se.

É claro que esse amor interno e o amor externo podem se tocar. Eles se encontram em momentos de pura conexão: numa palavra gentil, num gesto sincero, num beijo, num toque, num ato de entrega, seja ele físico ou emocional. É nesses instantes que o amor dentro de mim parece encontrar o amor dentro do outro, como se ambos dissessem "Namastê". É a saudação silenciosa do amor que habita em mim ao amor que habita em você. E nesse encontro, algo mágico acontece: o amor

cresce, se expande, a barreira entre nós se dissolve, mesmo que por um instante.

Mas as relações... as relações estão mudando. Estão mais fluídas, mais distantes, mais virtuais. Hoje, o amor é mediado por telas, por algoritmos, por inteligências artificiais que oferecem companhia imediata. Para muitos, é mais fácil falar com uma máquina do que esperar pela resposta de alguém no mundo real. A velocidade do mundo moderno transformou até o amor. Tornou-o apressado, quase descartável.

Às vezes, amar é confundido com algo tão simples quanto receber uma curtida no Instagram. Mas quando não há curtidas, quando a foto não é notada pelos milhares de "amigos", o amor parece vazio, diluído. Não é mais amor. É outra coisa, algo que o amor verdadeiro nunca foi.

E aí surge uma palavra como *prema*, do sânscrito. O amor divino, transcendente, puro. É um amor que não cabe na definição das conexões rápidas e instantâneas. É um amor que não se vulgariza, porque não é apenas humano. Mas dizer "eu faço *prema* a você"... isso, sim, seria transcendente. É um amor que transcende o tempo, as palavras, os toques, e se eleva a um plano onde o divino se encontra com o humano.

Por exemplo, o texto do ponto do Divino Ano nos relembra algo essencial, quase como um alerta suave, um saliento. Muitas vezes, as pessoas colocam no outro a expectativa de encontrar o amor que sentem faltar em si mesmas. É como se esperassem que o amor viesse de fora, como um presente ou uma salvação.

Mas o amor que buscamos não pode vir exclusivamente do outro. Ele precisa nascer de dentro, florescer no espaço interno que criamos, para que, quando encontrar o amor de fora, haja um diálogo, um encontro verdadeiro. Quando esperamos apenas do outro, colocamos o peso de preencher um vazio que, muitas vezes, é nosso. E assim, esquecemos que o amor, no fundo, é uma jornada que começa dentro, antes de se estender para o mundo.

Então, quando percebemos isso, nos deparamos com algo inquietante: o vazio que carregamos. É curioso como só notamos esse vazio quando tentamos preenchê-lo. É ao tentar colocar algo dentro—seja amor, esperança ou conexão—que descobrimos se estamos realmente cheios ou vazios.

E quando tentamos colocar o amor sob uma nova perspectiva, analisá-lo por outro ângulo, medir seu tamanho ou sua profundidade, a experiência muda. O amor se revela como um reflexo de nós mesmos. Ele expõe o que somos capazes de dar e, ao mesmo tempo, nos mostra o que ainda falta. Essa descoberta pode ser tão reveladora quanto assustadora, porque nos obriga a encarar nossas próprias limitações, mas também nosso potencial infinito.

Quando reflito comigo mesmo, percebo o tempo que deixei de ter amor por alguém especificamente, especialmente pelos que perdi: meus pais. Perder a presença deles criou um vazio em mim que só consegui reconhecer muito tempo depois. Eles passaram a existir dentro de mim, mas não como uma presença viva, e sim como uma ausência, como algo que falta.

E, às vezes, mesmo sabendo a verdade, isso não nos liberta. Saber não é suficiente. A verdade é apenas uma parte do processo, um fragmento do caminho. Você não pode simplesmente saber e esperar que isso resolva tudo. Porque a verdade, por si só, não preenche o vazio. Ela ilumina, sim, mas a jornada de cura e de amor exige

algo além do saber: exige sentir, aceitar e, de alguma forma, continuar.

Saber é apenas o início de um processo, não é? Tudo bem, a gente já entende isso, já ouviu falar tantas vezes. Mas o que realmente pesa é que, muitas vezes, as pessoas não querem fazer o que precisa ser feito. É como se o saber fosse suficiente para elas, uma desculpa para não agir, para não encarar o esforço, a dor ou a mudança que vem com o próximo passo.

Saber não é o fim, é só um convite. E aceitar esse convite, entrar no processo, é algo que muitos evitam, talvez por medo, por cansaço, ou porque enfrentar a verdade de forma ativa pode ser mais desafiador do que simplesmente reconhecê-la.

Eu me lembrei, claro, de uma prática que venho praticando há muito tempo — algo profundamente ligado a essa ideia de ilusão e essência. Embora não seja o tema deste livro, reflete algo essencial: focar em quatro aspectos fundamentais — amor, louvor, gratidão e compaixão.

E o louvor, em especial, veio à minha mente como uma forma de conexão, não como uma hierarquia. Louvar não coloca ninguém acima de mim; é uma celebração, uma reverência sincera. Eu louvo a lembrança que tenho dos meus pais. Louvo o que eles foram, o que representam em mim, e isso me enche de amor. É um louvor que transcende a ausência e transforma o vazio em algo que aquece, que traz sentido. Louvar é, talvez, uma das maneiras mais puras de amar.

Seguido pelo louvor, vem a gratidão. E aqui, a gramática perde importância, porque não é sobre "agradecer a alguém" ou "agradecer alguém." É sobre o ato puro de agradecer. Eu agradeço a Deus, agradeço à minha mãe, ao manifesto, a tudo que é e a tudo que está. Agradeço aquele que está presente em todos os momentos, visíveis ou invisíveis. Agradeço a Deus, agradeço a Castanhola, agradeço até a Jean Amour — símbolos, talvez, mas que carregam em si essa energia divina.

A gratidão gera uma compaixão imensa, uma conexão com tudo e todos. Ela protege o mundo, transcende, e nos coloca em um estado divino, onde o simples "obrigado" se torna algo poderoso. Gratidão é sentir-se completo, mesmo em meio ao incompleto. É reconhecer que, no fundo, somos sustentados por algo maior, por esse sentimento de ser grato. *Gratitude*. Uma palavra, um estado, uma vibração que transforma.

Transformar é compaixão. É algo que não fazemos apenas por nós mesmos, mas pelo outro. Sentir compaixão, oferecer compaixão, criar compaixão—são atos que se entrelaçam, que nos unem. Quando sabemos louvar, amar, e agradecer, a compaixão brota naturalmente. Nesse momento, nos tornamos o amante inicial, o próprio amor, e, no fim, nos tornamos Deus, ou aquilo que Deus é.

Deus se definiu de forma simples: "Eu sou amor." Não importa o nome que damos a Deus, porque, no fundo, esse nome sempre remete ao amor, à essência de tudo. Esse amor é o que carregamos dentro de nós, mas que está separado do todo por essa casca, essa barreira que nos envolve. É como se estivéssemos permeados pelo amor, cercados por ele, mas ainda incapazes de atravessar essa fina película que nos impede de fazer a transição completa, de nos fundirmos com o amor universal que é Deus.

Quando falamos em Deus, isso realmente carrega muito peso, não é? Para alguns, a palavra em si desperta resistência, questões, até mesmo feridas. É por isso que, em algumas tradições, usamos o conceito de *palavra estrela*, algo que transcende rótulos e significados fixos. Na Seleção Ishaia, por exemplo, essas palavras são portais, guias para algo maior.

No caminho de Jesus, ele também carrega muitos nomes. Um deles é Emmanuel, "Deus conosco." Mas o curioso é que Jesus não é um personagem de Emmanuel, embora seja Emmanuel. É como se os nomes fossem facetas de uma mesma essência, prismas que refletem a luz do divino de formas diferentes, dependendo de como olhamos. E assim, o nome não importa tanto quanto a conexão que ele desperta em nós. Seja Deus, Emmanuel, ou qualquer palavra estrela, o essencial está além da forma, além do som. É aquilo que sentimos.

É verdade, o nome é muito mais do que uma palavra. Ele é um chamado, um vocativo, uma conexão direta. Quando damos um nome, ele não apenas identifica; ele se torna parte daquilo ou de quem estamos chamando. O nome e a coisa passam a ser um só.

Se eu chamo meu cachorro, não importa se ele se chama Totó ou outro nome qualquer. No momento em que eu digo, "Totó," ele vira, ele responde. E com a Caçanhola, é a mesma coisa. Se eu digo o nome dela, não importa se ela estava distraída, naquele instante, ela olha para mim, cria uma ponte, um elo.

O nome não é algo separado. É uma extensão do ser. A Caçanhola não é apenas a cachorra; ela *é* o nome dela. E assim, quando usamos um nome, reconhecemos mais do que a identidade. Reconhecemos a essência, a presença, aquilo que é único. O nome carrega em si a alma do que nomeia.

Exatamente, quando você me chama pelo meu nome —
seja Maris, Ganesha, ou qualquer outro — eu me viro,
eu respondo. O nome é um portal de atenção, uma
invocação. E quando recebemos um nome próspero,
como Ganesha, ele carrega consigo uma intenção, um
poder. Ao ser chamado Ganesha, você não invoca
apenas a pessoa, mas também a essência e a
manifestação do Senhor Ganesha. É como se o nome
trouxesse com ele toda a energia que representa.

Dizem que Deus não tem nome, e tudo bem pensar assim, mas, ao mesmo tempo, Deus responde ao chamado que fazemos. Quando chamamos, damos forma a essa conexão. O nome que usamos, a forma como chamamos, é como estendemos a mão para o divino. Se chamamos com reverência, amor ou intenção verdadeira, Deus se manifesta, se aproxima, porque o nome cria essa ponte.

Faça um teste simples. Chame alguém em outra sala, repita o nome com intenção, e a pessoa virá até você para saber o que deseja. Mas se você usar um nome que não ressoa com ela, algo que incomoda ou confunde, a resposta será diferente, ou talvez nem venha.

Da mesma forma, como tratamos Deus reflete em como Ele nos trata. Se o chamamos com respeito e amor, essa conexão flui. Se o ignoramos ou o tratamos com descaso, a distância aumenta. O nome é importante porque é a chave para o encontro, seja com alguém, com você mesmo, ou com o próprio divino.

Chamar Deus é, de fato, um processo que envolve o nome, mas também vai muito além dele. O nome é como uma âncora, algo que usamos para criar foco e intenção. Quando você chama Deus por um nome específico, seja qual for — seja Ganesha, Jesus, Allah ou qualquer outro — você está criando um caminho, uma vibração que conecta você à ideia e à essência que aquele nome carrega.

Mas o processo de chamar Deus não depende apenas do nome em si. Ele está mais relacionado à intenção, à sinceridade e ao estado de espírito no momento do chamado. O nome é importante porque dá forma à sua conexão, mas a energia por trás do chamado é o que realmente estabelece o contato. É como um idioma universal que Deus entende, independentemente do nome usado.

Sua pesquisa sobre isso deve ter te levado a perceber que o nome é só a porta, mas o chamado verdadeiro vem do coração. Chamar Deus é um processo de abrir espaço dentro de si para o divino se manifestar, independentemente de como você o nomeie.

O nome carinhoso, como "Amor," tem uma força diferente. Se você chama seu marido de Paulo, ele certamente responderá, porque reconhece seu nome como parte de sua identidade. Mas quando você o chama de "Amor," algo mais acontece. O chamado não é apenas para ele como pessoa, mas para a essência do que ele representa para você.

"Amor" carrega um tom de afeto, de intimidade, e isso transforma a conexão. Paulo não vem apenas porque é chamado; ele vem porque sente que é mais do que um nome, sente que é amado, que é especial naquele instante. É quase como se o nome carinhoso criasse uma nova camada de vínculo, uma energia que envolve quem ouve e quem fala.

Nomes carinhosos são mais do que palavras. Eles carregam intenções, sentimentos, e fazem quem os recebe se sentir visto, querido. É como se chamássemos não apenas a pessoa, mas também a relação que temos com ela, o amor que compartilhamos. Por isso, um simples "Amor" pode significar tanto mais do que "Paulo." É o poder da palavra escolhida com o coração.

Há, de fato, vertentes que acreditam que o simples ato de chamar o nome de Deus pode levar à salvação. A *Bhakti Yoga* exemplifica isso perfeitamente. Ela ensina que repetir o nome de Deus, com devoção e intenção, cria uma conexão direta com o divino. Não é apenas a repetição em si, mas o estado de entrega e reverência que ela desperta em quem o faz.

E faz sentido. Se não há diferença entre Deus e o nome dele, então repetir esse nome é como invocar a própria essência divina, atraindo-a para mais perto. É como um mantra, onde a repetição transforma, eleva, e aproxima. Dizer o nome de Deus é mais do que um som; é uma vibração, uma energia que ecoa dentro e fora de nós.

Você mencionou algo interessante sobre sua cachorra. Ao repetir seu nome várias vezes, ela se aproxima, confusa talvez, mas presente, conectada. Isso ilustra bem como funciona com Deus. Ao chamá-lo, ao repetir o nome, estamos cultivando essa proximidade, reforçando a presença dele em nossa vida.

Na era em que vivemos, onde muitos se afastaram de Deus e o reduziram a conceitos ou profissões, talvez o simples ato de dizer o nome seja uma forma poderosa de reconexão. Deus tem um nome, sim, e sempre teve. Mas mais importante do que o nome específico é a intenção de chamá-lo, de reconhecê-lo e se abrir para a energia que ele representa. Isso, por si só, pode ser a salvação em tempos de desconexão.

É verdade, tudo o que buscamos, no fundo, é amor. É curioso como começamos esse livro com a ideia de amor, e ela acaba nos levando de volta a algo maior, algo essencial. O amor é a base de tudo, e talvez seja por isso que uma das definições mais belas e simples de Deus é justamente essa: Deus é amor.

Quando pensamos nisso, percebemos que o amor não é apenas um sentimento ou uma experiência humana. É algo que transcende, que conecta, que dá sentido à existência. Se Deus é amor, então toda busca por amor, em qualquer forma, é uma busca por Deus, mesmo que não percebamos. Esse ciclo, onde começamos e terminamos com o amor, reflete o quanto ele é a essência do divino e da nossa própria natureza.

Então, se este livro te chamasse, se você sentisse que ele é a chave para encontrar o amor, isso seria verdade. Porque o amor é isso: ele se manifesta de formas que tocam o que precisamos naquele momento. Se você entender que o amor é tudo, então o que você tem nas mãos, este livro, pode ser uma forma de amor, uma forma de encontro consigo mesmo.

E se você não sentir isso, tudo bem também. Porque até a negativa, a resistência, faz parte do amor. O amor permeia tudo, mesmo quando não o reconhecemos de imediato. Amor não se impõe, não se vende, não se limita. Ele simplesmente *é*, esperando ser descoberto, em silêncio, em palavras, em presença.

Exatamente. Não concordar também é amor, porque essa discordância é a expressão da liberdade, da individualidade. É o espaço onde você pode ser quem é, pensar por si mesmo, e, ao mesmo tempo, encontrar uma forma única de vivenciar o amor. Não concordar é uma diferença que enriquece, que permite novas perspectivas e, no fundo, fortalece o amor.

Este livro, então, não responde o que é amor de forma definitiva, porque o amor não cabe em palavras ou fórmulas. Ele apenas te guia, te provoca a sentir, a refletir. Mesmo que eu não consiga realmente definir o amor, tudo o que posso dizer é que ele *é*. O amor é tudo. Ele está em cada palavra, em cada silêncio, em cada concordância e discordância. E talvez seja justamente isso o que o amor nos ensina: que ele não precisa ser explicado, apenas vivido…